A certeza

A certeza
Roberto Bolzani Filho

FILOSOFIAS: O PRAZER DO PENSAR
Coleção dirigida por
Marilena Chaui e Juvenal Savian Filho

wmf**martinsfontes**
São Paulo 2014

Copyright © 2014, Editora WMF Martins Fontes Ltda.,
São Paulo, para a presente edição.

1ª edição 2014

Edição de texto
Juvenal Savian Filho
Acompanhamento editorial
Helena Guimarães Bittencourt
Revisões gráficas
Solange Martins
Marisa Rosa Teixeira
Edição de arte
Katia Harumi Terasaka
Produção gráfica
Geraldo Alves
Paginação
Moacir Katsumi Matsusaki

Dados Internacionais de Catalogação na Publicação (CIP)
(Câmara Brasileira do Livro, SP, Brasil)

Bolzani Filho, Roberto
  A certeza / Roberto Bolzani Filho. – São Paulo : Editora WMF Martins Fontes, 2014. – (Filosofias : o prazer do pensar / dirigida por Marilena Chaui e Juvenal Savian Filho)

  ISBN 978-85-7827-856-4

  1. Certeza 2. Certeza (Filosofia) I. Chaui, Marilena. II. Savian Filho, Juvenal. III. Título. IV. Série.

14-04618   CDD-121.63

Índices para catálogo sistemático:
1. Certeza : Filosofia   121.63

Todos os direitos desta edição reservados à
Editora WMF Martins Fontes Ltda.
Rua Prof. Laerte Ramos de Carvalho, 133 01325-030 São Paulo SP Brasil
Tel. (11) 3293-8150 Fax (11) 3101-1042
e-mail: info@wmfmartinsfontes.com.br http://www.wmfmartinsfontes.com.br

SUMÁRIO

Apresentação • 7
Introdução • 9

1 Certezas da vida cotidiana • 13
2 A dúvida como caminho para a certeza • 26
3 A certeza preservada da dúvida • 37
4 Conclusão • 51

Ouvindo os textos • 53
Exercitando a reflexão • 61
Dicas de viagem • 64
Leituras recomendadas • 66

APRESENTAÇÃO
Marilena Chaui e Juvenal Savian Filho

O exercício do pensamento é algo muito prazeroso, e é com essa convicção que convidamos você a viajar conosco pelas reflexões de cada um dos volumes da coleção *Filosofias: o prazer do pensar*.

Atualmente, fala-se sempre que os exercícios físicos dão muito prazer. Quando o corpo está bem treinado, ele não apenas se sente bem com os exercícios, mas tem necessidade de continuar a repeti-los sempre. Nossa experiência é a mesma com o pensamento: uma vez habituados a refletir, nossa mente tem prazer em exercitar-se e quer expandir-se sempre mais. E com a vantagem de que o pensamento não é apenas uma atividade mental, mas envolve também o corpo. É o ser humano inteiro que reflete e tem o prazer do pensamento!

Essa é a experiência que desejamos partilhar com nossos leitores. Cada um dos volumes desta coleção foi concebido para auxiliá-lo a exercitar o seu pensar. Os temas foram cuidadosamente selecionados para abordar os tópicos mais importantes da reflexão filosófica atual, sempre conectados com a história do pensamento.

Assim, a coleção destina-se tanto àqueles que desejam iniciar-se nos caminhos das diferentes filosofias como àqueles que já estão habituados a eles e querem continuar o exercício da reflexão. E falamos de "filosofias", no plural, pois não há apenas uma forma de pensamento. Pelo contrário, há um caleidoscópio de cores filosóficas muito diferentes e intensas.

Ao mesmo tempo, esses volumes são também um material rico para o uso de professores e estudantes de Filosofia, pois estão inteiramente de acordo com as orientações curriculares do Ministério da Educação para o Ensino Médio e com as expectativas dos cursos básicos de Filosofia para as faculdades brasileiras. Os autores são especialistas reconhecidos em suas áreas, criativos e perspicazes, inteiramente preparados para os objetivos dessa viagem pelo país multifacetado das filosofias.

Seja bem-vindo e boa viagem!

INTRODUÇÃO
Como estou certo de que tenho certeza?

Quando conversamos com outras pessoas acerca dos assuntos mais variados, é muito comum que usemos frases do tipo: "Tenho certeza de que..." ou "Estou certo disso." Nós as usamos para justificar o que estamos dizendo, com muita naturalidade e sem nos perguntarmos o que, exatamente, elas querem dizer. Elas nos parecem óbvias. Quando as empregamos, queremos comunicar ao nosso interlocutor, ou interlocutores, um estado em que nos encontramos: estamos convictos e confiantes a respeito de algo; e talvez estejamos dispostos a defender essa convicção contra qualquer objeção ou crítica, tamanha é a certeza de que estamos com a razão.

Mas será que já paramos para nos perguntar o que quer dizer isto: "ter certeza" de alguma coisa? Provavelmente, não. E não precisamos fazê-lo. Não preciso responder a uma pergunta como: "O que quer dizer ter certeza de algo?" para reconhecer-me, em certas situações, como capaz de dizer a mim mesmo e a outros: "Tenho certeza disso." Há muitas dessas situações, e são bastante banais. Por exemplo, tenho certeza de que neste momento estou tentando, com um bocado de esforço, escrever um texto sobre "certeza". Tenho certeza de que estou fazendo isso com um lápis, escrevendo numa folha de papel, e não digitando diante de uma tela de computador. Tenho certeza de que a folha de papel está sobre uma mesa de madeira, e que há sobre essa mesa outros objetos – outros papéis, um computador que está agora desligado, um calendário, uma luminária acesa, um telefone celular e alguns livros.

Não há nada de surpreendente nisso. Todos nós provavelmente diríamos que somos capazes de descrever o lugar e as circunstâncias em que nos encontramos neste momento, acrescentando a essa descrição que ela é "absolutamente certa", ou algo assim. Se alguém nos perguntasse por que temos certeza disso, é bem possível que, num primeiro momento, reagíssemos com algum espanto ou mesmo indignação e respondêssemos com outras perguntas: "Ora, que tipo de pergunta é essa? Você não acredita em mim? Certamente você não duvida seriamente do que eu digo, como se eu pudesse ter-me enganado sobre algo tão óbvio! Quem, melhor do que eu, pode descrever onde me encontro neste momento e o que estou fazendo? Como eu poderia errar quando digo que estou agora neste lugar, executando esta ação? Você só pode estar brincando – ou então acha que estou mentindo!"

Essa é uma resposta um tanto passional, até mal-humorada, que muitos de nós talvez evitássemos dar, mas que, num primeiro momento, poderia vir a nossas mentes. Mas depois de algum tempo, dissipada nossa possível indignação, talvez deixemos de ver a pergunta de nosso interlocutor como insinuação de que não dizemos a verdade, para reconhecer que, com ela, tratava-se de nos pedir uma explicação. "Explique-me", diria esse interlocutor, "que garantias você tem de que essa sua certeza não pode ser questionada. Por que lhe parece absolutamente certo que você está escrevendo agora, com um lápis, sentado à mesa de madeira que tem outros papéis, um calendário, uma luminária acesa e alguns livros?" É muito provável que disséssemos em resposta algo como: "Ora, isso é evidente! Estou vendo tudo isso! O que mais preciso dizer em meu favor?"

Um diálogo como esse poderá parecer a muitos uma tolice. Talvez ele terminasse por aí porque eu e meu interlocutor não conseguiríamos nos entender sobre alguns pontos básicos. Na verdade, teria ocorrido algo muito comum: um mal-entendido a respeito do significado e função de certas palavras empregadas por ambos, com intenções distintas. Nesse caso, talvez tenha acontecido algo mais: uma dificuldade da parte de ambos de se explicarem claramente sobre o que querem dizer quando fazem certas perguntas e dão a elas determinadas respostas. Muito do que está envolvido no tema da "certeza" se associa a essa dificuldade. Tentemos desenvolver o ponto.

1. Certezas da vida cotidiana

Vamos supor que a descrição feita na Introdução deste livro seja dada por você a um amigo seu, em conversa ao telefone. Por alguma razão que não vem ao caso, ele pergunta o que você está fazendo e você responde que está sentado, em frente à sua escrivaninha, escrevendo. Um tanto surpreendentemente, ele pergunta o que há sobre a mesa, e você responde que sobre a mesa há papéis, uma luminária, um celular etc. Ele, então, faz aquela curiosa pergunta: "Você tem certeza disso? Como você sabe?" Você, obviamente, responde que sim e comenta como é estranha essa pergunta, retrucando: "É evidente que estou aqui falando com você ao telefone, sua pergunta é simplesmente absurda, chega a ser ridícula!" Seu amigo, talvez um tanto constrangido, faz uma observação que só aumenta o inusitado da situação: "Tudo bem, é que talvez não haja nenhuma garantia de que, neste exato momento, você não esteja apenas sonhando que está ao telefone conversando comigo." Felizmente ou não, o assunto não evolui e vocês passam a outros temas, até que a conversa se encerra. Você, contudo, não deixa de pensar consigo mesmo sobre aquela questão e seu caráter peculiar, e agora também sobre a resposta ainda mais estranha dada por seu amigo.

Alguns dias depois, você e seu amigo estão sentados, conversando num fim de tarde. Vocês se sentem numa situação propícia a esse tipo de conversa curiosa e retomam a pergunta que ele fizera ao telefone, dias antes, sobre sua certeza de que estava falando ao telefone. Ele repete a pergunta: como, naquele momento, você tinha certeza do que estava fazendo e do lugar em que se encontrava? Então, você retruca: "Você não tem certeza, neste momento, de que estamos conversando neste final de tarde e neste local?" Você mesmo se surpreende com sua pergunta, porque ela lhe soa tão esquisita quanto aquela que ouviu, mas está claro que você andou pensando nela. Você se dá conta de que sua pergunta é boa, é interessante, porque coloca seu amigo também dentro do problema! Como é que ele, que está conversando com você agora, poderá duvidar disso? Antes, ele sugeriu, ao telefone, que você poderia simplesmente estar sonhando que estava falando com ele ao telefone, e embora a conversa não tenha evoluído você se deu conta de que ele poderia ter acrescentado, para se justificar: "Eu, pelo menos, não estou vendo isso, pois estamos falando ao telefone." Agora, ele próprio está testemunhando, ao vivo e em cores, que você está ali, diante dele e falando justamente com ele. Como ele poderia responder, senão reconhecendo que está certo de que isso está acontecendo? Vocês dois seriam, digamos assim, a "prova", um para o outro, de que estão realmente ali, vivendo essa situação.

Em sua resposta, você se baseou na capacidade e veracidade do sentido da visão: os dois veem-se e descrevem a mesma situação – portanto, é uma situação real, acima de dúvida. Os dois dirão que têm diante de si coisas vistas por ambos (por exemplo, uma árvore, o banco em que estão sentados, a rua etc.). Essa concordância garante a fidelidade do relato de ambos e, portanto, sua realidade: ninguém está sonhando. Você agora constata que uma resposta como essa já poderia ter sido dada durante a conversa ao telefone, com uma diferença: "É claro que não estou sonhando que estou em casa, ao telefone, falando com você! Ora, você está me ouvindo e me responde!" Você se dá conta de que esse fato, que seu amigo ouvia e respondia, era a garantia de que você não estava sonhando, e agora, frente a frente com seu interlocutor, você pode usar essa resposta, e, ainda melhor, baseado na visão, não na audição. Pena não ter pensado nisso naquela hora! É que você, lembre-se, estava meio perplexo e até indignado com aquela pergunta tão inesperada e estranha. Mas, depois, você pensou no assunto e o levou a sério, apesar de ser uma pergunta tão inesperada e estranha...

Seu amigo, no entanto, é teimoso e não se rende facilmente. Talvez ele hesite em repetir o que havia dito ao telefone, porque agora a coisa é mais complicada – você o colocou na cena, no problema. Ele teria de dizer algo como: "Talvez você esteja sonhando que está comigo agora, conversando numa praça, e eu, por outro lado, talvez esteja, ao mesmo tempo, também sonhando que estou com você, conversando na mesma praça." Nada o impede, é claro, de dizer isso, mas ele provavelmente se dá conta de que essa possibilidade é ainda mais difícil de aceitar: em vez de um sonho, dois sonhando o mesmo sonho ao mesmo tempo! Ele vai então precisar de uma resposta diferente. Para você, na verdade, ele não tem saída.

Você aguarda ansioso o próximo passo de seu amigo: como ele vai se sair dessa? Você está confiante e até orgulhoso de sua capacidade de encontrar uma resposta tão criativa e convincente. Se seu amigo for um adversário justo, certamente vai entregar os pontos. Ora, após alguns instantes de silêncio, ele retruca com uma tranquilidade surpreendente: "Bem, mesmo assim, não estou satisfeito. O que nos garante, com certeza absoluta, que não somos, neste momento, enganados por um ser superior, um deus, por exemplo, que nos faz ilusoriamente pensar que estamos aqui, conversando nesta praça e durante este fim de tarde, quando, na verdade, não estamos?"

Mais uma vez, você reage indignado. Você tem a impressão de que a teimosia de seu amigo é tanta, que ele é capaz de inventar qualquer asneira para não concordar com você! E seu espanto aumenta quando ele diz que, se houver esse ser superior que nos engana invariavelmente, transformando tudo em ilusão, mesmo verdades tão certas como "dois mais dois são quatro" se tornam suspeitas! Segundo ele, talvez dois mais dois nunca sejam quatro, mas esse deus nos faz pensar que são – "E também nos faz pensar que estamos aqui, agora, nesta praça, no fim da tarde..."

Essa resposta, como não poderia deixar de ser, produz um longo silêncio, já que você, com toda certeza, não podia sequer de longe prevê-la. Mas você, que já se dispôs a pensar numa boa resposta à pergunta anterior, está se acostumando a procurar boas respostas, mesmo para perguntas tão absurdas. E então, depois de algum tempo, vem à sua mente algo que lhe parece importante para afastar aquela ideia de seu amigo: "Bem, lembre-se de que há muita gente que não acredita na existência de um deus ou de qualquer 'ser superior', como você diz. Essas pessoas certamente não seriam afetadas por essa possibilidade que você acaba de levantar. Elas não se sentiriam obrigadas a responder a uma pergunta baseada em algo em que não acreditam." Você percebe na expressão de seu amigo que sua resposta o impressionou – você mesmo, na verdade, começa a ficar impressionado consigo mesmo...

Seu amigo e interlocutor, provavelmente já olhando para você com mais respeito por causa de suas boas respostas, já tem, no entanto, para sua decepção, uma nova afirmação pronta: "Muito bem! Então, digo o seguinte: não há nenhuma garantia incontestável de que essa experiência que estamos tendo agora não seja apenas um conjunto de estímulos cerebrais produzidos em nós, que seríamos apenas dois cérebros colocados em dois diferentes recipientes, manipulados por um cientista. Se for assim, estaremos vivendo apenas uma situação ilusória e enganadora. Essas sensações visuais e auditivas, quando dizemos que vemos e ouvimos um ao outro, e mesmo as percepções gustativas do refrigerante que acabamos de tomar, tudo isso são apenas reações cerebrais produzidas em laboratório!"

Provavelmente, a essa altura da conversa, após ouvir essa resposta, você já está considerando seu amigo uma figura estranha, talvez mesmo um chato. "Há assuntos mais interessantes para um bate-papo, num início de fim de semana, do que essas hipóteses absurdas", você pensa. E certamente você tem razão. Mas você também experimenta outros sentimentos sobre ele e, principalmente, sobre esse tipo de conversa que vocês estão tendo. Um misto de repugnância e fascínio, talvez. Uma mistura de desprezo e curiosidade crescente. Assim, ao mesmo tempo que lhe parecem delirantes as respostas de seu amigo, você consegue reconhecer nelas certa coerência. Você tem de admitir, por exemplo, que muitas das pessoas que não acreditam em Deus frequentemente mostram simpatia pelas descobertas científicas, pelo progresso tecnológico, chegando a basear-se nisso para recusar crenças religiosas. Quem não aceitar que possa existir um deus que esteja o tempo todo a nos enganar poderá talvez levar a sério a hipótese dos dois cérebros manipulados em laboratório. Você conclui que a estratégia de seu amigo é inteligente, mas por que ele usa essa inteligência para pensar em coisas tão fora do comum? Eis a confusão de ideias e impressões que o ocupam agora.

De qualquer forma, você já não resiste a tentar pensar numa resposta. Você se sente desafiado a mostrar a seu amigo que essas coisas que ele diz não têm cabimento. Você já apresentou boas razões, antes, para sua certeza de que não está ali sonhando ou sendo vítima de ilusão. Seu amigo inventou então uma história completamente inverossímil, certamente tirada desses filmes de ficção científica que aparecem o tempo todo, mas que é, como esses filmes, apenas isto:

ficção. Ele quer fazer disso um motivo para desacreditar de uma certeza tão forte!

Aí está, você pensa, a saída: observar que essas possibilidades, de um ser superior que nos engana porque quer, ou, pior, de um cientista que estimula dois cérebros, estão muito distantes de nossas vidas e preocupações diárias. Nós agimos o tempo todo acreditando que estamos passando por experiências reais, nunca como se pudéssemos apenas sonhar. Que força aquelas elucubrações podem ter contra a inabalável convicção que tenho, durante todo o tempo, de que estou vivendo situações reais e verdadeiras? É tão certo que você está agora numa praça conversando com alguém, que nunca – e você vai enfatizar esse "nunca" – passaria pela sua cabeça sequer pensar na possibilidade de que isso não está realmente acontecendo, a não ser pelo fato de seu amigo ter aparecido alguns dias atrás com essa conversa de sonho e agora de deuses e cientistas enganadores...

Você está adotando uma posição firme e segura sobre o assunto, que lhe fornece uma nova resposta. Note que, agora, você não está exatamente respondendo às perguntas feitas – você não vai explicar por que tem certeza de que não está sonhando etc. Você, na verdade, está prestes a *desqualificar* aquelas perguntas, tirando-lhes qualquer *relevância*. Você não vai "provar" ou "demonstrar" que é impossível que esteja, nesse momento, apenas sonhando, ou esteja sendo enganado por um deus ou um cientista. Você vai dizer algo como: "Ora, que importância tem tudo isso? Ninguém poderia acreditar seriamente no que você diz! Pergunte a qualquer um, e você ouvirá em resposta que está brincando ou está louco! Porque nenhum de nós, quando faz qualquer coisa, se pergunta antes: 'Mas será que estou apenas sonhando?' Essas suas hipóteses não têm nenhuma força contra nossas certezas mais fortes e evidentes. E, mesmo que eu não seja capaz de responder a elas, isso não altera absolutamente nada."

Enquanto dá sua resposta, você percebe que, dessa vez, pode assumir uma posição mais confortável, aquela mesma em que se encontrava seu amigo: a posição ofensiva de um desafiante. Porque você descobre que, se ele levanta essas hipóteses absurdas, das duas uma: ou ele, ao contrário da esmagadora maioria das pessoas, acredita realmente nessas possibilidades – e será visto então, como você acaba de dizer, como um brincalhão ou louco –, ou, se não acredita nelas, não tem um bom motivo para afirmá-las. De um modo ou de outro, ele estará em dificuldades. Você vai colocá-lo na defensiva e parece mesmo que ele não terá saída!

Você termina sua resposta e pode ver na fisionomia de seu amigo certo espanto, misturado a alguma seriedade. Parece até que ele olha para você, agora, com alguma admiração. Na verdade, apesar das coisas estranhas que ele vem dizendo, em nenhum momento ele adotou um tom de brincadeira, de chacota, e sempre falou sério, embora o conteúdo de suas palavras possa ter dado a você a impressão de que ele estava apenas brincando. Isso atiça ainda mais a sua curiosidade – você mal pode esperar por uma resposta, que certamente dará a você, e não a ele, a vitória.

O início da resposta realmente produz em você essa impressão: "Bem, eu nunca disse que acreditava nessas hipóteses; também eu tenho certeza absoluta de que estamos nós dois agora conversando numa praça e tomando refrigerante." Ora, ele acaba de reconhecer que nada do que disse pode ser levado a sério, era só brincadeira! Mas então ele acrescenta algo completamente inesperado: "O que eu fiz, tanto ao telefone há alguns dias, como hoje aqui, foi repetir alguns argumentos que li num livro de introdução à filosofia, que são atribuídos a alguns filósofos de épocas e países diferentes."

Então, seu amigo, quem diria, estava usando filósofos para levantar dúvidas sobre aquilo que parece não poder ser posto em dúvida! Você agora é tomado por dois sentimentos diferentes: primeiramente, sente alguma irritação porque seu amigo, assim parece, não estava jogando limpo, escondendo-se atrás de opiniões alheias. Mas, em seguida, você fica perplexo: quer dizer então que filósofos pensam nesse tipo de coisa? Filósofos não sabem se estão agora sonhando ou acordados? Realmente acham que podem ser apenas cérebros colocados em recipientes como baldes em laboratórios?

Você, assíduo frequentador de boas conversas, já tinha ouvido comentários sobre "filósofos", embora não soubesse o nome de nenhum. Frases como "Fulano é um filósofo" não eram tão raras e pareciam sempre uma forma de fazer referência a pessoas que perguntam demais, sobre detalhes que não interessam, ou, para retomar a expressão que você empregou a respeito de seu amigo, chatos, embora inofensivos, preocupados com assuntos sem importância, um tanto excêntricos e, por isso mesmo, motivo de comentários jocosos e zombeteiros.

Passado esse momento inicial, você, certamente, não pode deixar seu amigo sair dessa sem algumas explicações. Ele acaba de justificar sua posição recorrendo a um livro de filosofia e à autoridade de filósofos. Ele deve a você alguns esclarecimentos. Você então protesta: "Como você pode ser tão incongruente? Você defendeu algumas posições nas quais não crê! Duvidou de certezas que você mesmo diz possuir e das quais, na verdade, nunca duvidou! Para que serve isso?"

O silêncio que se segue a essa sua intervenção, quase um protesto, mostra que vocês chegaram a um impasse. Seu amigo não sabe bem o que dizer em resposta e você se sente desorientado. Alguns goles de refrigerante, uma mudança de assunto, e vocês terminam a conversa concluindo que o melhor a fazer é interrogar esse terceiro personagem da conversa, que acabou de se apresentar: o livro de filosofia mencionado por seu amigo. Vocês agora serão aliados e vão exigir desse livro e dos filósofos que ali se encontram uma explicação razoável para esse tipo de conversa que ocupou um sempre valioso final de tarde de sexta-feira.

2. A dúvida como caminho para a certeza

No dia seguinte, pela manhã, você e seu amigo reúnem-se na casa dele e passam a ler as partes do livro que ele utilizou para elaborar suas perguntas. Seu título é exatamente aquele que ele havia mencionado: "Introdução à Filosofia". É extenso, com muitos textos e algumas ilustrações. Seu amigo o abre num capítulo intitulado "A certeza e a dúvida". Logo vocês descobrem que o principal filósofo mencionado e comentado nessas páginas é o francês René Descartes (1596-1650), que chega a ser chamado de "fundador da filosofia moderna". A simples ideia de que um indivíduo que não sabe se está sonhando ou acordado possa receber esse título impressionante só aumenta sua perplexidade e sua curiosidade.

Seu amigo encontra uma passagem de um texto desse filósofo. Foi dela que ele extraiu a pergunta feita ao telefone e repetida na praça ao fim da tarde. Ele a lê em voz alta: "Quantas vezes ocorreu-me sonhar, durante a noite, que estava neste lugar, que estava vestido, que estava junto ao fogo, embora estivesse inteiramente nu em meu leito? Parece-me agora que não é com olhos adormecidos que contemplo este papel; que esta cabeça que eu mexo não está dormente; que é com desígnio e propósito deliberado que estendo esta mão e a sinto: o que ocorre no sono não parece ser tão claro nem tão distinto quanto tudo isso. Mas, pensando cuidadosamente nisso, lembro-me de ter sido muitas vezes enganado, quando dormia, por semelhantes ilusões. E, detendo-me neste pensamento, vejo tão manifestamente que não há nenhum indício concludente nem marcas assaz certas por onde se possa distinguir nitidamente a vigília do sono, que me sinto inteiramente pasmado, e meu pasmo é tal que é quase capaz de me persuadir de que estou dormindo."

Trata-se de uma passagem das *Meditações metafísicas*, considerada uma das mais importantes obras filosóficas já produzidas. Encontra-se na primeira meditação, de um total de seis; portanto, no começo da obra. Vocês se demoram nela, procurando compreendê-la. Constatam que não há nela nenhuma palavra obscura, que é perfeitamente compreensível. Você, particularmente, entende que seu amigo havia feito o trabalho pela metade: formulou em forma de pergunta a possibilidade de estarmos sonhando agora, mas não as **razões** dadas para isso. Você as conhece agora, ao ler a passagem do filósofo. Na verdade, trata-se de uma razão, de um **argumento**, que o texto desenvolve com clareza.

Inicialmente, Descartes adota a posição comum, que era a sua no debate com seu amigo: "Parece-me agora", diz o filósofo, "que não estou sonhando quando executo estes atos tão banais, como ver o papel, mexer a cabeça, estender a mão." E há uma razão para essa opinião: "O que ocorre no sono não parece ser tão claro nem tão distinto quanto tudo isso." Você observa que poderia ter usado essa ideia para rebater seu amigo, pois muitos sonhos são obscuros, pouco nítidos e não podem se comparar à realidade. Contudo, há uma mudança importante no texto: "Mas, pensando cuidadosamente nisso... E, detendo-me neste pensamento..." Pode-se dizer que temos aqui a passagem de uma posição inicial ainda desprovida de reflexão para uma atitude investigativa própria do filósofo. E isso produz consequências notáveis: "Lembro-me de ter sido muitas vezes enganado, quando dormia, por semelhantes ilusões." Ora, se deixamos um pouco de lado nossa certeza de que não estamos sonhando e analisamos com calma o que acontece quando sonhamos, damo-nos conta de que muitas vezes nos parece, ao sonhar, que estamos vivendo uma experiência real. Quantas vezes acordamos assustados e até com o coração acelerado por causa de um pesadelo, sentindo então alívio? Quantas vezes acordamos de um sonho agradável e lamentamos ter apenas sonhado? O fato de, durante os nossos sonhos, passarmos por experiências mentais **que também ocorrem quando estamos acordados** – isto é, sentirmos como se estivéssemos vivendo uma realidade – é suficiente para duvidar de "indícios concludentes" e "marcas assaz certas" sobre o assunto. O tipo de evidência que tenho agora de que estou acordado eu a tenho também, às vezes, quando estou dormindo! Assim, rigorosamente falando, não posso garantir em que estado me encontro.

Agora você entende melhor o que estava por trás daquela curiosa ideia proposta por seu amigo ao telefone, e também que tipo de debate vocês tiveram na praça. O que vocês fizeram foi associar as certezas que sempre julgaram inegáveis à possibilidade de duvidar delas. Vocês levantaram hipóteses que as ameaçavam. Constataram que essas hipóteses, embora em nenhum momento – é o que parece – tenham chegado a abalar suas certezas, não eram totalmente desprovidas de **razoabilidade**. Se acontece de sonharmos que estamos falando ao telefone, e durante nosso sonho vivemos essa situação como se fosse real – e somente após acordarmos nos damos conta de que era apenas um sonho –, por que não posso estar passando justamente agora pela mesma situação? Você tem certeza de que não está sonhando agora, mas não pode negar que ali estava uma dúvida razoável, embora insuficiente para abalar sua convicção.

Ora, em certo sentido, quando Descartes formulava esse argumento, que ficou conhecido como "argumento do sonho", e afirmava essa dúvida, ele fazia algo semelhante, e o fazia **deliberadamente**. Você então depara, folheando aquele livro com seu amigo, com a afirmação inicial das *Meditações metafísicas*, que esclarece por que devemos **levar a sério** dúvidas como essa: nosso filósofo está preocupado com "estabelecer algo de firme e de constante nas ciências" – está voltado, portanto, para o grande desafio de descobrir as verdades mais profundas a respeito das coisas. Ele constata, contudo, que muitas vezes as opiniões que considerou verdadeiras eram falsas ou duvidosas. Daí conclui que precisava "começar tudo novamente desde os fundamentos". Veja que esse filósofo, diferentemente de você e seu amigo, não levanta a possibilidade de estar sonhando como algo isolado: de algum modo, ele entende que isso o ajudará a construir um novo conjunto de verdades científicas. Isso certamente soa estranho. Mas essa é uma característica fundamental da filosofia: durante muito tempo, os filósofos aspiraram a obter **sistemas de verdades**, edifícios de conhecimentos dotados dos fundamentos mais sólidos.

Para realmente saber que opiniões verdadeiras possui e que novas verdades encontrará, Descartes vai adotar uma estratégia: tentar recusá-las todas. Para isso, **o menor sinal de dúvida** que encontrar nelas o levará a **considerá-las falsas**. É com base nesse projeto que ele também formula o argumento que foi chamado de "argumento do deus enganador", aquele que seu amigo usou contra você. A hipótese dos cérebros em laboratório é uma espécie de nova versão, mais moderna, desse argumento, proposta no século XX, mas tem praticamente o mesmo objetivo. Você descobre que, com esse argumento, ele chega a pôr em dúvida a própria existência do mundo exterior, e que a única certeza que escapara da dúvida é a de que ele é um ser pensante. "Penso, logo existo": você agora foi apresentado a uma das mais importantes afirmações da história da filosofia em todos os tempos! Uma afirmação até óbvia, banal, mas que, extraída de um processo metódico de duvidar, ganha a força de um alicerce para um grande edifício de verdades, que vai permitir ao filósofo, ao longo dessas seis meditações, recuperar verdades básicas como: sei que não estou sonhando, sei que existe um mundo fora de mim, que há um deus que não me engana... E agora você compreende por que as páginas sobre Descartes naquele capítulo vinham com o subtítulo "A dúvida como caminho para a certeza".

Vocês prosseguem a leitura e deparam com outro filósofo, o dinamarquês Sören Kierkegaard (1813-1855), que escreveu um texto chamado *É preciso duvidar de tudo*. O título mostra como, depois de dois séculos, a ideia de Descartes se manteve viva. Nesse texto, o filósofo se dedica a analisar três proposições fundamentais: 1. a filosofia começa pela dúvida; 2. é preciso ter duvidado para poder filosofar; 3. a filosofia moderna começa pela dúvida.

Observe a importância que esse filósofo confere à ideia de que a filosofia deve proceder a um amplo processo de colocação em dúvida de nossas certezas. As proposições 1 e 2 podem parecer de difícil conciliação: se a filosofia começa pela dúvida (1), como a dúvida poderia anteceder a filosofia (2)? Na verdade, há um tipo de dúvida que antecede a filosofia e é semelhante àquele que você e seu amigo experimentaram em seus debates: vocês foram exibindo, enquanto levantavam suas questões e respostas, uma atitude que admite as dúvidas, quaisquer que sejam seus conteúdos. Com seu amigo, você, aos poucos, foi adentrando o terreno próprio da filosofia, ao se dispor a considerar aquelas hipóteses e possibilidades levantadas por ele, com sua ajuda. Digamos então que essa dúvida que antecede o filosofar e o torna possível consiste no reconhecimento da importância de **levar a sério razões de duvidar**, de adotar uma disposição favorável e simpática a argumentos que ameaçam nossas certezas mais fortes. Sem essa disposição, que você foi gradativamente adquirindo ao conversar com seu amigo, e que ele já parecia mostrar, o **filosofar**, a atividade investigativa que caracteriza a filosofia, não surgiria e, sem ela, você não conseguiria nem se disporia a pensar questões filosoficamente. Ora, é então que a dúvida, como vimos ocorrer no caso de Descartes, se torna filosófica, porque pensada no interior de um projeto filosófico já concebido pelo próprio filósofo – nesse sentido se compreende a afirmação 1: a filosofia começa pela dúvida.

Note então que o termo "filosofia" não é empregado num sentido qualquer. Kierkegaard parece querer dizer que somente passando pela real experiência de colocação em dúvida de suas certezas comuns, refletindo metodicamente com base nessas dúvidas, alguém poderá dizer que está fazendo algo que merece a denominação de "filosofia". E como essa, segundo o mesmo filósofo, é uma característica da filosofia moderna a partir de Descartes, justifica-se a proposição 3: a filosofia moderna começa pela dúvida. Assim, somente a filosofia moderna, segundo Kierkegaard, alcança plenamente a filosofia em seu significado mais estrito.

O que você e seu amigo fizeram, portanto, não era ainda filosofia, mas era uma espécie de **condição necessária** para ela.

Kierkegaard se baseia também numa distinção que ele vê entre a filosofia antiga e a filosofia moderna. Os antigos, segundo esse filósofo – trata-se dos gregos, sobretudo Platão (428-348 a.C.) e Aristóteles (384-322 a.C.) –, ensinavam que a filosofia começa com o "espanto" diante dos mistérios e problemas do mundo. O espanto, contudo, seria apenas uma determinação irrefletida, uma espécie de sentimento, digamos assim, ao qual o filósofo reage. Enquanto isso, a dúvida, que é para os modernos o início do filosofar, é uma "determinação da reflexão". A dúvida, diz Kierkegaard, "é precisamente a polêmica contra o precedente"; é, digamos, o necessário exercício da liberdade do pensamento que se pergunta sobre o valor e a verdade das teses estabelecidas e consideradas incontestáveis nas diversas ciências e técnicas, na moral e nos costumes. Sobre tudo isso o filósofo deve lançar sua dúvida como instrumento de investigação.

Ora, você constatou que Descartes inicia seu percurso filosófico com a atitude deliberada e voluntária de duvidar de tudo. Eis o que Kierkegaard entende por um filósofo "moderno", algo para que, de forma ainda bastante tímida, você e seu amigo começavam a se dirigir em sua conversa.

3. A certeza preservada da dúvida

Descartes usou os argumentos filosóficos para produzir a dúvida, a fim de obter certezas incontestáveis. Encontrou, portanto, uma saída para essas dúvidas, uma solução, uma refutação delas, que lhe pareceu estritamente racional. Mas há outras maneiras de lidar com a relação entre nossas certezas e os argumentos filosóficos que procuram colocá-las sob suspeita. É o que você e seu amigo descobrem quando chegam à outra parte do capítulo, que tem como subtítulo "A certeza preservada da dúvida".

Uma dessas maneiras é proposta pelo filósofo escocês David Hume (1711-1776). Provavelmente o maior filósofo de língua inglesa, Hume, desde a juventude, meditou detidamente sobre esse tipo de argumentação que desafia algumas de nossas certezas mais fundamentais. Não é claro se sustentou exatamente a mesma posição ao longo de seus textos sobre o assunto, mas ao menos uma tese geral pode ser extraída deles.

No *Tratado da natureza humana*, sua primeira obra filosófica e talvez a maior de todas, em dado momento, após considerar a força de argumentos filosóficos problemáticos e reconhecer, um tanto desesperado, que não se sente capaz de afastá-los por meio de outros argumentos, Hume observa que essa dúvida, para a qual se sente naturalmente inclinado na solidão de seu escritório, imediatamente se enfraquece se, por exemplo, está na companhia de amigos, num jantar, ou divertindo-se com um jogo qualquer. Em nossas vidas, esses argumentos, ainda que resultem do uso de nossa razão, não são suficientemente fortes para minar nossa **inclinação natural para crer** em certas verdades básicas, como a existência de uma realidade fora de nós. Acreditamos nelas com a mesma facilidade e naturalidade com que respiramos, diz o filósofo. E, se a razão não consegue demonstrá-las ou prová-las, isso em nada afeta nossa prática cotidiana, graças à influência daquilo que Hume identifica como **nossa natureza**, que está acima de nossa capacidade raciocinativa e é, na verdade, sua origem.

Note que, nesse caso, não deixa de haver uma concessão àquele tipo de argumento. **Racionalmente**, não poderíamos vencer argumentos como esses, ao contrário do que pretendeu Descartes. Será preciso adotar uma posição **naturalista**, empregando um termo que os leitores e intérpretes da filosofia de Hume já consagraram, com isso neutralizando, de certo modo, sua força.

A posição de Hume, evidentemente, é mais complexa do que sugeriu esse breve esboço, mas ela nos ajuda a enriquecer nosso leque de possibilidades de compreensão do debate que você e seu amigo estavam desenvolvendo. Hume teria uma resposta a dar a seu amigo: "Deixe de lado", ele talvez dissesse, "esse tipo de especulação filosófica que nada nos proporciona de relevante e útil, justamente, por contrariar nossa inclinação natural." Desse ponto de vista, tentar refutar o argumento do sonho, por exemplo, seria, então, tarefa inglória – a razão não pode fazê-lo –, mas também é desnecessário porque em nada ele afeta nossas certezas básicas. Hume poderia talvez acrescentar: "O máximo que especulações como essa oferecem de útil é permitir constatar que a força da natureza é superior à força da razão, e isso é importante para que possamos bem filosofar e entender até onde nossa filosofia deve nos levar. É bom conhecê-las, mas não se pode cultivá-las."

Em outro texto importante, denominado *Investigação sobre o entendimento humano*, Hume se preocupa com esclarecer o que poderia ser um modo adequado de desenvolver a dúvida filosófica sobre nossas certezas, com isso conferindo a essa dúvida seu verdadeiro alcance e, principalmente, seu lugar no seio de nossa atividade filosófica. Nesse texto, entre outras coisas, Hume se volta para a questão da natureza das evidências que possuímos a respeito de fatos, sobretudo de fatos futuros que, em nossas mentes, se dão com absoluta certeza, de modo que podemos mesmo prevê-los. Por exemplo, se, durante meu café da manhã, enquanto leio meu jornal, tenho diante de mim um pão, eu o como. Por que, pergunta Hume, eu o comi? Porque, em minha mente, algo ocorreu que me levou a isso. Hume chama de **crença** o resultado desse evento mental que me leva a comer o pão: eu creio que ele vai alimentar-me, por isso o como. Ora, mas como explicar esse evento mental? Note que Hume não está perguntando: creio que este pão me alimentará? Ele, na verdade, pergunta: o que acontece em meu intelecto que produz tal crença irresistível?

Nosso filósofo diz que minha mente estabelece uma associação de **causa e efeito** entre o pão e a nutrição que ele me proporciona, e que, ao vê-lo, observo imediatamente que se assemelha aos pães que já comi e que eles me nutriram. Dessa **conjunção constante** entre pães e nutrição e de minha inclinação natural para repetições, a que Hume denomina **hábito** ou **costume**, surge em mim, imediatamente, a expectativa de que também este pão me alimentará, e isso é crer. Para isso, segundo Hume, não foi necessário nenhum encadeamento de raciocínio – tudo se deu, por assim dizer, mecanicamente, "naturalmente".

O ponto que nos interessa é que, quando Hume formula a sua "dúvida" sobre como se dá esse processo, alguém, diz ele, poderia retrucar: "Ora, sua prática refuta sua dúvida" – noutras palavras, a cada vez que você come um pão, tem certeza de que o alimentará, e você não para de comer pães porque não sabe explicar de onde vem essa certeza. Sua dúvida não afeta sua prática e, portanto, já está refutada.

41

Como vimos, no *Tratado da natureza humana*, Hume defendia a tese de que dúvidas filosóficas sobre certezas básicas não conseguem se impor, mas ele não parecia pretender, com isso, **refutar** essas dúvidas. Agora, na *Investigação sobre o entendimento humano*, ele está se referindo a uma dúvida filosófica que pode e deve ser investigada, mas não refutada com a afirmação de que é negada por nossos atos, porque em nenhum momento, para ele, essa dúvida pretendeu ameaçar nossas certezas. Quando me pergunto se posso explicar por que, diante de um pão, sou levado imediatamente a crer que vai me alimentar e a comê-lo, não pretendo que a especulação filosófica que faço possa afetar minhas numerosas ações de comer pães, que permanecem imunes a esse tipo de especulação.

Hume apresenta, para essa explicação, uma distinção: como **agente**, não tenho dúvida alguma de que devo comer pães. Como **filósofo**, dotado de curiosidade, que é uma inclinação humana natural, quero saber como a mente humana opera nesses casos. Com isso, ao mesmo tempo que retira da especulação filosófica o poder de influenciar fortemente nossas ações, garante--lhe sua importância própria.

Prosseguindo na leitura daquele capítulo, você e seu amigo encontram mais um filósofo: o inglês George Edward Moore (1873-1958). Dois textos dele são mencionados e explicados. Num deles, "Uma defesa do senso comum", Moore formula algumas proposições em primeira pessoa, que, ele diz, "eu sei com certeza que são verdadeiras": existe agora um corpo humano vivo, que é meu corpo, que nasceu em algum momento do passado e sofreu diversas transformações. Existem muitas outras coisas com três dimensões em diferentes posições e distâncias, e com algumas delas meu corpo tem contato, incluindo outros corpos humanos vivos, que também nasceram em algum momento e se transformaram, numa terra que já existia antes de todos surgirem. Eu, como ser humano, tenho tido muitas e variadas experiências de meu próprio corpo, das coisas que me envolvem e cercam, inclusive outros corpos humanos. Tenho observado fatos e eventos diversos, por exemplo, que meu corpo existia ontem. Tenho diversas crenças, sentimentos, sonhos, e observo o mesmo para outros corpos humanos. E eu também sei, com certeza, que todos os outros corpos humanos como o meu têm as certezas que acabo de dizer que são minhas.

Moore não pretende, com isso, dizer nada que não seja óbvio. O que pretende, de fato, é estabelecer um conjunto de certezas verdadeiras que dizem respeito a todos. Daí, então, a ideia presente no título do artigo: uma "defesa do senso comum". O que Moore está fazendo pode ser denominado, para usar uma expressão já bastante difundida, de uma **filosofia do senso comum**. A expressão pode soar a você curiosa e provocativa, já que você acaba de conhecer um estilo de pensamento, exemplificado por Descartes, segundo o qual o filosofar impõe uma espécie de ruptura com o senso comum, a ponto de tornar digna de consideração a possibilidade de que estejamos sonhando agora. Quando "pensamos cuidadosamente", mostrava Descartes naquela passagem sobre o sonho, nos vemos diante de dúvidas que não são compreensíveis e aceitáveis para a maioria das pessoas, para o senso comum dos homens. Agora, contudo, você depara com um filósofo que se dedicou a estabelecer como verdadeiras proposições sobre fatos básicos da vida, dizendo que, a respeito delas, ele próprio e todos nós possuímos conhecimento, e que esse conhecimento é o mais seguro e certo que podemos ter, um conhecimento seguro e certo que nenhuma explicação filosófica consegue nos dar, quando se esforça por explicar as razões pelas quais as coisas são assim, e que nenhum argumento filosófico pode, também, abalar. As teorias filosóficas não alcançam o tipo de certeza que temos sobre essas verdades quando procuram conhecê-las, chegando mesmo, às vezes, a negá-las, de forma ineficaz.

O texto de Moore não diz apenas isso: percorre, na verdade, um longo caminho argumentativo para obter essa conclusão. Então, você pode se perguntar: por que argumentar extensamente para, no fim, defender verdades que todos nós já conhecemos? Por que, simplesmente, não dizê-las?

Observe que Moore não se limitou a afirmar uma série de verdades óbvias para em seguida atribuí-las a todos. Ele também defendeu a tese de que os filósofos ou não as tratam com clareza ou a elas se opõem, de forma inaceitável. Eis por que se trata de uma **defesa do senso comum** – uma defesa que, por ser feita por meio de argumentação e em franca polêmica com os filósofos, se torna uma **defesa filosófica** do senso comum, uma filosofia do senso comum.

É como se, no debate entre você e seu amigo, no momento em que você se opunha às hipóteses do sonho, do possível deus que engana e dos cérebros manipulados em laboratório, afirmando que são completamente inverossímeis e distantes de nosso cotidiano, Moore se intrometesse e dissesse: "Muito bem! Você tem razão! Certas verdades são tão certas que não podem ser seriamente afetadas por argumentos filosóficos. Se você quiser, posso enumerá-las e explicar por que penso assim." Se isso acontecesse, sua reação e sua resposta teriam adquirido uma dimensão filosófica que você, naquele momento, decerto não poderia prever ou imaginar, mas que esse filósofo se empenhou por revelar.

Motivado por essa tarefa de defender verdades certas do senso comum, Moore escreve um texto ainda mais instigante e provocativo: "Prova do mundo exterior", o segundo texto comentado no livro. Mais uma vez, uma típica hipótese filosófica: o que nos garante que existem realmente coisas fora de nós que nos causariam as impressões, imagens e ideias que temos? Embora soe extravagante, você já não se assusta com esse tipo de dúvida, principalmente depois que descobriu que Descartes, com suas dúvidas metódicas, já havia levantado essa possibilidade, com o argumento do "deus enganador".

Moore observa inicialmente como os filósofos têm dado importância à tarefa de obter uma prova definitiva a respeito da existência do mundo exterior. Ele reconhece que essa é uma questão tipicamente filosófica e se dispõe a abordá-la do interior da "província da filosofia", como ele diz, talvez com alguma ironia. E se propõe então a fornecer uma prova da existência do mundo exterior, deixando claro já de início, e novamente com certa ironia, que talvez consiga falar apenas sobre parte do problema.

Essa aparente modéstia inicial deve, contudo, ser levada a sério. Moore é um pensador rigoroso. Quando diz que vai oferecer uma **prova** sobre a existência do mundo exterior, emprega a palavra com toda a força de seu significado, com a pretensão característica dos filósofos. Ele entende que essa prova, como uma boa prova, deve levar de premissas a uma conclusão de maneira necessária e inevitável; que a conclusão deve dizer algo diferente do que dizem as premissas; e que o conteúdo delas nos deve ser conhecido com certeza e segurança.

Qual é então a prova de Moore? Se comparada com a maior parte dos argumentos dos filósofos, ela é simples. Contém, na verdade, uma única premissa, que pode variar conforme diferentes exemplos possíveis, conduzindo diretamente à conclusão. A premissa de seu argumento é: "Existem duas mãos humanas"; a conclusão: "Existem objetos exteriores."

Você talvez já compreenda por que Moore dizia que sua prova poderá dizer menos do que o necessário: é que ela não satisfaz às expectativas filosóficas tradicionais. O ponto problemático, ele sabia muito bem, está na certeza atribuída à premissa. "Ora", diriam seus objetores, "você pode provar que existem duas mãos?" Isso parece ser necessário, pois, como vimos, a premissa deve ser conhecida num sentido forte da palavra, deve ser objeto de certeza e conhecimento. A prova que Moore apresenta, a qual, ele bem sabe, não vai convencer esses interlocutores filosóficos, consiste simplesmente em levantar suas duas mãos e dizer: "Eis aqui uma mão; eis aqui outra mão." Na verdade, ele reconhece que isso não consiste numa prova como a esperada. Em seu favor, alega que **existem coisas que sabemos e conhecemos, mas não podemos provar.**

Uma delas é que tem duas mãos... Observe como, aqui, ele está retomando a ideia central do texto "Uma defesa do senso comum" e aplicando-a à sua premissa. Isso, para ele, basta para alcançar a prova buscada.

Mas é preciso, mais uma vez, levar muito a sério a pretensão de Moore de ter provado sua conclusão, mesmo ao admitir que não pode provar a premissa que conduz a ela. Moore deixa claro que o fato de a premissa não poder ser provada não a torna simplesmente objeto de fé, de uma crença injustificada. Essa é uma distinção importante para muitos filósofos, cujos objetivos em filosofia podem ser compreendidos como a busca de respostas às perguntas: posso dar às minhas crenças o estatuto de conhecimentos? Se posso, para quais delas posso alcançar essa condição e quais deverei admitir como simples matéria de fé ou crença? O que é necessário para isso?

À sua maneira, muito original, Moore se inclui nesse grupo de filósofos para proclamar: para as mais seguras das verdades que possuímos e compartilhamos, não se deve tentar fornecer provas. E o faz plenamente consciente de que está se afastando de um estilo de pensamento muito tradicional e influente, pois ele diz, no final de sua prova, que, para provar sua premissa, precisaria provar, como mostrou Descartes, que não está sonhando agora. Veja então que Moore identifica, digamos assim, seu interlocutor. E como ele responde? Diz apenas não poder provar que não está sonhando agora, mas possuir "razões conclusivas", "evidência conclusiva" de que não está sonhando agora. E essa **evidência**, para Moore, é mais forte do que um argumento filosófico como o argumento do sonho.

4. Conclusão

Em filosofia, antes de tentar encontrar respostas para nossas perguntas, é preciso meditar sobre seu sentido e significado, e o que está em jogo com elas. Ao terminar aquele capítulo do livro de introdução à filosofia, você e seu amigo descobriram que um mesmo assunto pode ser pensado de maneiras distintas por filósofos diferentes. As certezas que temos podem ser desafiadas pela especulação filosófica, mas podem ser protegidas e defendidas dela, de formas variadas. Agora, ambos experimentam uma sensação incômoda: a leitura do livro de filosofia só aumentou as dúvidas que tinham! Se isso aconteceu, ponto para vocês. Pois a filosofia, desde sua origem no Ocidente, tem sido ou um contínuo processo de busca de certezas que possam afastar ou domesticar a dúvida, ou, caso não sejam encontradas, o reconhecimento de que não podemos vencer a dúvida e a consequente afirmação de sua força.

Nesse sentido, de um modo ou de outro, o filosofar se inicia com a compreensão de nossas próprias dúvidas.

Essa história começa – retomando uma ideia que a você é familiar – com o maior de todos os "chatos" da filosofia: Sócrates (c. 469-c. 399 a.C.). Segundo seus principais discípulos, ele vivia interrogando qualquer um que afirmasse saber algo para descobrir se esse indivíduo era capaz de dar boas razões para isso. Seu maior discípulo, Platão, em um de seus principais diálogos, o *Teeteto*, coloca Sócrates dialogando com o jovem Teeteto, em busca de responder à pergunta fundamental: "O que é conhecimento?" Três respostas são dadas, nenhuma delas é satisfatória, mas a última se tornou, para a filosofia posterior, expressão daquilo que moveu e move muitos filósofos: "conhecimento é opinião verdadeira acompanhada de razão", ou, para empregar uma variação dessa formulação, "conhecimento é crença verdadeira justificada". De um modo ou de outro, a ideia de **justificação de nossas certezas** se transforma numa das maneiras mais completas de definir a própria atividade filosófica. Foi isso que vocês dois começaram a fazer. Vocês deram o primeiro passo num caminho longo e repleto de surpresas chamado filosofia.

OUVINDO OS TEXTOS

Texto 1. Platão (428-348 a.C.), *A preocupação com a verdade*

Sócrates: Recentemente, Hípias, quando eu elogiava a beleza de certas coisas e censurava a feiúra, um amigo me perguntou: "Como você sabe o que é belo e o que é feio?" Eu não soube o que dizer (...). Explique-me você, então, o que é o belo, para que eu responda a ele (...).
Hípias: O belo, Sócrates, é uma bela moça!
Sócrates: Mas, Hípias, meu amigo vai me perguntar: "Não há uma beleza que torna belas as coisas belas? (...). Uma bela égua também não é bela?"
Hípias: Ele tem razão, Sócrates.
Sócrates: E uma bela lira, não é bela?
Hípias: Sim.
Sócrates: E uma bela panela, não é bela?
Hípias: Sócrates, que espécie de sujeito é esse? Um mal-educado, descortês, que menciona uma coisa dessas numa conversa séria!

Sócrates: Ele é assim mesmo, Hípias: mal-educado, grosseiro, sem nenhuma outra preocupação, exceto com a verdade.

PLATÃO. *Hípias maior*, 286a-288a. Texto traduzido e adaptado por Roberto Bolzani Filho, com base na edição espanhola: PLATÓN. *Obras completas*. 2ª ed. Madri: Aguilar, 1981.

Texto 2. René Descartes (1596-1650), *Decisão pela dúvida*

Há já algum tempo eu me apercebi de que, desde meus primeiros anos, recebera muitas falsas opiniões como verdadeiras, e de que aquilo que depois eu fundei em princípios tão mal assegurados não podia ser senão mui duvidoso e incerto; de modo que me era necessário tentar seriamente, uma vez em minha vida, desfazer-me de todas as opiniões a que até então dera crédito, e começar tudo novamente desde os fundamentos, se quisesse estabelecer algo de firme e constante nas ciências. (...) Agora, pois, que meu espírito está livre de todos os cuidados, e que consegui um repouso assegurado numa pacífica solidão, aplicar-me-ei seriamente e com liberdade em destruir em geral todas as minhas antigas opiniões. Ora, não será necessário, para alcançar esse desígnio, provar que todas elas são falsas, o que talvez nunca levasse a cabo; mas, uma vez que a razão já me persuade de que não devo menos cuidadosamente impedir-me de dar crédito às coisas que não são inteiramente certas e indubitáveis do que às que nos parecem manifestamente ser falsas, o menor motivo de dúvida que eu nelas encontrar bastará para me levar a rejeitar todas.

DESCARTES, R. *Meditações metafísicas*. Trad. Bento Prado Júnior. São Paulo: Abril, 1979, p. 85. Col. "Os Pensadores".

Texto 3. David Hume (1711-1776), *Misto de ciência e relevância prática*

O homem é um ser racional e, como tal, recebe da ciência seu adequado alimento e nutrição. Tão estreitos, porém, são os limites do entendimento humano que pouca satisfação pode ser esperada nesse particular, tanto no tocante à extensão quanto à confiabilidade de suas aquisições. Além de um ser racional, o homem é também um ser sociável, mas tampouco pode desfrutar sempre de companhia agradável e divertida, ou continuar a sentir por ela a necessária atração. O homem é também um ser ativo, e é forçado por essa inclinação e pelas variadas necessidades da vida humana, a dedicar-se aos negócios e ofícios; mas a mente exige algum descanso e não pode corresponder sempre à sua tendência ao trabalho e à diligência. Parece, então, que a natureza estipulou uma espécie de vida mista como a mais adequada aos seres humanos e secretamente os advertiu a não permitir que nenhuma dessas inclinações se imponha excessivamente, a ponto de incapacitá-los para outras ocupações e entretenimentos. "Satisfaz tua paixão pela ciência", diz ele, "mas cuida para que essa seja uma ciência humana, com direta relevância para a prática e a vida social. O pensamento abstruso e as investigações recônditas são por mim proibidos e severamente castigados com a pensativa tristeza que ensejam, com a infindável incerteza em que serás envolvido e com a fria recepção dedicada a tuas pretensas descobertas, quando comunicadas. Sê um filósofo: mas, em meio a toda tua filosofia, não deixes de ser um homem."

HUME, D. *Investigação sobre o entendimento humano*. Trad. José Oscar de Almeida Marques. São Paulo: Unesp, 2004, p. 13.

Texto 4. George Edward Moore (1873-1958), *A importância de saber a que questão se deseja responder*

Quer me parecer que em Ética, como em todos os outros estudos filosóficos, as dificuldades e discordâncias, das quais sua história está repleta, devem-se, especialmente, a uma causa muito simples: especificamente, à tentativa de responder a perguntas sem primeiro descobrir, precisamente, qual a pergunta a que se deseja responder. Ignoro até que ponto essa fonte de erros foi explorada, se os filósofos tentariam descobrir qual questão eles estavam propondo, antes de se prepararem para responder a ela; pois o trabalho de análise e distinção é, frequentemente, muito difícil; podemos falhar, amiúde, em fazer a necessária descoberta, embora tenhamos feito uma tentativa definida nesse sentido. Mas estou, também, inclinado a pensar que, em muitos casos, uma tentativa resoluta seria suficiente para garantir o sucesso; consequentemente, se apenas essa tentativa fosse feita, muitas das mais ofuscantes dificuldades e discordâncias na filosofia desapareceriam.

MOORE, G. E. *Principia Ethica* (Prefácio). Trad. Márcio Pugliesi e Divaldo Roque de Meira. São Paulo: Ícone, 1998.

Texto 5. Bertrand Russell (1872-1970), *Papel liberador da filosofia*

De fato, o valor da filosofia deve ser buscado amplamente na sua própria incerteza. O homem que não tem nenhum matiz de filosofia atravessa a vida aprisionado nos preconceitos derivados do senso comum, das crenças habituais da sua época ou da sua nação e das convicções que cresceram no seu pensamento sem a cooperação ou o consentimento da sua razão deliberada. Para tal homem, o mundo tende a tornar-se definitivo, finito, óbvio; objetos comuns não levantam questões quaisquer, e possibilidades não familiares são rejeitadas com desdém. Tão logo começamos a filosofar, ao contrário, descobrimos (...) que mesmo as coisas mais ordinárias levam a problemas aos quais somente respostas muito incompletas podem ser dadas. A filosofia, embora incapaz de nos dizer com certeza qual é a resposta verdadeira às dúvidas que ela levanta, é capaz de sugerir muitas possibilidades que ampliam os nossos pensamentos e os libertam da tirania do costume. Logo, embora diminua o nosso sentimento de certeza quanto ao que as coisas são, ela aumenta muito o nosso conhecimento quanto ao que elas podem ser; ela remove o dogmatismo de certo modo arrogante daqueles que nunca ingressaram na região da dúvida libertadora e mantém vivo o nosso senso de espanto ao mostrar coisas familiares num aspecto não familiar.

> RUSSELL, B. "Os problemas da filosofia". In: BONJOUR, L. & BAKER, A. (orgs.). *Filosofia – textos fundamentais comentados*. Porto Alegre: Artmed, 2010, pp. 64-5.

Texto 6. Richard Rorty (1931-2007), *O mundo está diante de nós; as descrições do mundo, não*

Temos de fazer uma distinção entre a tese de que o mundo está diante de nós e a tese de que a verdade está diante de nós. Dizer que o mundo está diante de nós, que não é uma criação nossa, quer dizer, tal como o senso comum, que a maior parte das coisas no espaço e no tempo são efeitos de causas que não incluem os estados mentais do ser humano. Dizer que a verdade não está diante de nós é simplesmente dizer que onde não há frases não há verdade, que as frases são elementos das linguagens humanas e que as linguagens humanas são criações do homem. A verdade não pode estar diante de nós – não pode existir independentemente da mente humana – porque as frases não podem existir dessa maneira ou estar diante de nós dessa maneira. O mundo está diante de nós, mas as descrições do mundo não. Só as descrições do mundo podem ser verdadeiras ou falsas; o mundo por si próprio – sem auxílio das atividades descritivas dos seres humanos – não pode.

RORTY, R. *Contingência, ironia e solidariedade.* Trad. Nuno Ferreira da Fonseca. Lisboa: Editorial Presença, 1994, p. 25.

EXERCITANDO A REFLEXÃO

1. Com base no itinerário reflexivo apresentado por este livro, responda às seguintes questões, cujo objetivo é auxiliar você a melhor compreender o tema da certeza:

- **1.1.** Reconstrua os momentos da série de perguntas feitas na conversa hipotética entre você e um amigo, tal como apresentada no Capítulo 1 deste livro.
- **1.2.** Qual a importância do argumento do sonho, para nossa reflexão, tal como apresentado no Capítulo 2?
- **1.3.** Qual a importância do argumento do deus enganador e dos cérebros em laboratório?
- **1.4.** Explicite o sentido das três proposições fundamentais de Kierkegaard:
    - **1.4.1.** a filosofia começa pela dúvida;

1.4.2. é preciso ter duvidado de tudo para filosofar;

1.4.3. a filosofia moderna começa pela dúvida.

1.5. Por que, segundo David Hume, os argumentos que levam a duvidar de tudo não são suficientes para enfraquecer nossa inclinação natural para crer?

1.6. O que seriam, segundo Hume, uma posição racionalista e uma posição naturalista em filosofia?

1.7. O que seria uma filosofia do senso comum em consonância com o pensamento de George E. Moore?

1.8. Diante da preocupação racionalista com a prova da existência do mundo exterior, como o argumento de George E. Moore pode ser sustentado?

2. Praticando a análise de textos.

2.1. Encontre, no texto 1, a afirmação exata de Sócrates que justifica sua insistência em perguntar a Hípias por que uma égua, uma lira e uma panela não poderiam ser dadas, tanto como uma bela moça, como respostas à pergunta sobre o que é o belo.

2.2. Qual é a justificativa oferecida no texto 2 para afirmar que a menor dúvida sobre qualquer conjunto de opiniões já é suficiente para rejeitá-lo todo?

2.3. Sintetize a tese do texto 3 que fundamenta a admoestação: "Sê um filósofo: mas, em meio a toda tua filosofia, não deixes de ser um homem."

2.4. Qual tese do texto 4 explica as dificuldades e obscuridades que o autor identifica na história da filosofia?

2.5. Identifique, no texto 5, ao menos três afirmações que visam justificar a conclusão de que "o valor da filosofia deve ser buscado amplamente na sua própria incerteza".

2.6. Em que se fundamenta o texto 6 para afirmar que "só as descrições do mundo podem ser verdadeiras ou falsas; o mundo por si próprio não pode"?

DICAS DE VIAGEM

1. Para continuar sua reflexão sobre o tema da certeza, assista aos filmes indicados abaixo, tendo em mente os aspectos explorados neste livro:

1.1. *A verdade* (*La vérité*), direção de Henri-Georges Clouzot, França/Itália, 1960.

1.2. *O homem da câmera* (*Man with the Movie Camera/Tchelovek s Kinoapparatom*), documentário, direção de Dziga Vertov, União Soviética, 1929.

1.3. *O cão dos Baskervilles* (*The Hound of the Baskervilles*), direção de Terence Fisher, Reino Unido, 1959.

1.4. *Janela indiscreta* (*Rear Window*), direção de Alfred Hitchcock, EUA, 1954.

1.5. *Rashomon* (*Rashômon*), direção de Akira Kurosawa, Japão, 1950.

2. Na literatura, muitas vezes, posições que chamaríamos de "filosóficas" são tomadas com tanta profundidade e precisão quanto nos textos tecnicamente filosóficos. Outras vezes, não interessa tanto ao literato encontrar respostas, mas elaborar boas questões, que envolvam integralmente nossa existência e não apenas o aspecto argumentativo-racional. Para entrar em contato com esse tipo de aproximação ao tema da certeza, sugerimos a leitura de:

- **2.1.** *Para cada um sua verdade*, de Luigi Pirandello. Peça de teatro traduzida em português no volume *Seis personagens à procura de um autor & Para cada um sua verdade & Esta noite improvisa-se.* Tradução de Mário Feliciano e outros. Lisboa: Cotovia, 2009.
- **2.2.** *A razão dos outros*, de Luigi Pirandello. Tradução de Davi Pessoa. Lumme Editor, 2009.
- **2.3.** *Sherlock Holmes*, de Arthur Conan Doyle. Vários volumes traduzidos em português por Maria Luiza X. A. e publicados pela Zahar Editores, 2010.

LEITURAS RECOMENDADAS

1. As obras tomadas como referência no caminho percorrido por este livro foram:

DESCARTES, R. *Meditações metafísicas*. Trad. Bento Prado Júnior. 2ª ed. São Paulo: Abril, 1979.
HUME, D. *Tratado da natureza humana*. Trad. Déborah Danowski. São Paulo: Unesp/Imprensa Oficial, 2000.
——. *Investigação sobre o entendimento humano*. Trad. José Oscar de Almeida Marques. São Paulo: Unesp, 2004.
KIERKEGAARD, S. *É preciso duvidar de tudo*. Trad. Sílvia Saviano Sampaio e Álvaro Luiz Montenegro Valls. São Paulo: Martins Fontes, 2003.
MOORE, G. E. "Uma defesa do senso comum" e "Prova do mundo exterior". In: *Philosophical Papers*. Londres: Allen & Inwin, 1959.

2. Para aprofundamento filosófico no tema da certeza, sugerimos:

CHISHOLM, R. *Teoria do conhecimento*. Trad. Álvaro Cabral. Rio de Janeiro: Zahar, 1974.

Discute alguns temas centrais da questão do conhecimento: a distinção entre conhecer e ter uma opinião verdadeira, evidência e justificação, critérios de conhecimento, aparência, realidade, verdade.

PORCHAT, O. "Saber comum e ceticismo", "Verdade, realismo, ceticismo". In: *Rumo ao ceticismo*. São Paulo: Unesp, 2007.

Nesses dois artigos, o filósofo brasileiro trata de formas distintas a relação entre as certezas comuns e a filosofia. No primeiro, propõe que a filosofia não deve ameaçar nossas crenças comuns. No segundo, contudo, passa a conceber a conciliação entre uma filosofia cética e a ideia de verdade "fenomênica" que o reaproxima do senso comum.

SMITH, P. J. *Ceticismo*. Rio de Janeiro: Zahar, 2004.

Livro breve e introdutório, apresenta com clareza e objetividade posições filosóficas atuais a respeito dos argumentos filosóficos propostos pelo ceticismo desde a Antiguidade e as relações dessa corrente filosófica com as crenças e certezas da vida cotidiana.

WITTGENSTEIN, L. *Da certeza*. Ed. bilíngue. Trad. Maria Elisa Costa. Lisboa: Edições 70, 1990.

Conjunto de breves comentários sobre o tema, por um dos mais influentes filósofos do século XX. Analisa, entre outros, o argumento cartesiano do sonho, questionando seu sentido com base na ideia de jogos de linguagem.